Inhalt

Intergovernmental Panel on Climate Change (IPCC) - Der Weltklimarat mahnt umgehende Aktionen an

Kernthesen

Beitrag

Fallbeispiele

Weiterführende Literatur

Impressum

Intergovernmental Panel on Climate Change (IPCC) - Der Weltklimarat mahnt umgehende Aktionen an

I. Zeilhofer-Ficker

Kernthesen

- Der Weltklimarat IPCC hat die Aufgabe, die Ergebnisse wissenschaftlicher Forschungen zum Thema Weltklima zusammenzutragen, zu sortieren und auszuwerten.
- In ca. fünfjährigen Abständen veröffentlicht der IPCC Sachstandsberichte über

wissenschaftliche Grundlagen, Folgen und Möglichkeiten zur Bekämpfung des Klimawandels.
- Im ersten Halbjahr 2007 publizierte der Weltklimarat den vierten Sachstandsbericht in drei Teilbänden, die im November 2007 in Valencia zu einer Synthese zusammengeführt werden.

Beitrag

Ist das Weltklima noch zu retten? Diese Frage und mehr versuchte der Weltklimarat in seinem vierten Sachstandsbericht zu beantworten. Darüber hinaus prognostizierte er die Folgen für Mensch und Natur und zeigte Wege auf, wie der Klimagau vermieden werden kann.

Organisation und Aufgabe

Schon in den Siebzigerjahren warnten erstmals Wissenschaftler davor, dass die kohlenstoffbasierte Industrialisierung durch den erhöhten Kohlendioxidausstoß zur Klimaerwärmung führen könnte. Nach der ersten UN-Weltklima-Konferenz 1979 erkannte man, dass eine internationale

Kooperation von Wissenschaftlern nötig war, um Daten und Befunde zusammenzutragen. 1988 wurde deshalb vom Umweltprogramm der Vereinten Nationen (UNEP) und der Weltorganisation für Meteorologie (WMO) der Intergovernmental Panel on Climate Change (IPCC oder Weltklimarat) ins Leben gerufen. Alle 192 UN-Mitgliedsländer können sich an der Arbeit des Ausschusses beteiligen, ebenso internationale Institutionen wie die Weltbank oder Umweltschutzorganisationen. Der Sitz des IPCC liegt in Genf, sein Vorsitzender ist der indische Klimaforscher Rajendra Pachauri. (1), (2), (3)

Der Klimarat betreibt keine eigene Forschung sondern trägt wissenschaftlich belegte Daten aus unterschiedlichsten Fachgebieten zusammen, analysiert sie und gibt Empfehlungen. Er ist in drei Arbeitsgruppen aufgeteilt, die unterschiedliche Aufgaben verfolgen. Die Arbeitsgruppe Eins fasst die wissenschaftlichen Basisdaten, also vorwiegend Klimamessungen und simulationen sowie daraus resultierende Erkenntnisse zusammen und erstellt aus den Ergebnissen Klimaprognosen für die Zukunft. (2), (4)

Die zweite Arbeitsgruppe prognostiziert die vom Klimawandel bewirkten Folgen für Mensch und Natur und errechnet das dadurch entstehende Schadenspotenzial. Die Arbeitsgruppe Drei befasst sich damit, wie die Konzentration von Kohlendioxid in der Luft stabilisiert bzw. verringert und wie die Erwärmung der Erde auf ein beherrschbares Niveau eingegrenzt werden kann. (2), (4)

2500 Forscher und Vertreter von über 100 Regierungen arbeiten im IPCC zusammen. Bisher wurden vier Sachstandsberichte veröffentlicht, die in ihren Aussagen jeweils an Schärfe gewannen. Zur Wahrung der Objektivität wird ein Großteil der Autoren von einer Version zur nächsten ausgetauscht. Im ersten Sachstandsbericht 1990 wurde der Temperaturanstieg bis 2100 auf ca. 2 bis 5 Grad geschätzt. Im zweiten Bericht von 1995 wurde erstmals von einem erkennbaren Einfluss des Menschen auf das Klima gesprochen. In der dritten Ausgabe 2001 errechneten die Forscher eine Temperaturerhöhung zwischen 1,4 und 5,8 Grad sowie einen um 21 bis 88 Zentimeter höheren Meeresspiegel. Mit dem vierten Sachstandsbericht, der in drei Teilen im Laufe des ersten Halbjahres 2007 veröffentlicht wurde, ist erstmals mit sehr hoher Sicherheit festgestellt worden, dass der Mensch durch seine Emissionen von Treibhausgasen für die beispiellose Erwärmung der Erdatmosphäre und die dadurch bedingten Klimaänderungen verantwortlich ist. (1), (2), (4), (7)

Der vierte Sachstandsbericht des IPCC von 2007

Teil 1: Wissenschaftliche Erkenntnisse zum Klimawandel

Der im Februar veröffentlichte Band Eins des IPCC Sachstandsberichtes macht deutlich, dass der Mensch durch die Verbrennung fossiler Brennstoffe für die erhöhte Kohlendioxidkonzentration in der Luft und den dadurch fortschreitenden Klimawandel verantwortlich ist. Seit Beginn der Industrialisierung ist die CO2-Konzentration in der Luft von 280 ppm auf 379 ppm angestiegen, wobei der Zuwachs in den vergangenen zehn Jahren am höchsten war. Um 0,74 Grad Celsius ist die Oberflächentemperatur der Erde in den letzten hundert Jahren durchschnittlich angestiegen, was zu einer Verringerung des Meereseises sowie zum Abschmelzen von Gletschern und Eisschilden auf Grönland und in der Antarktis führt. Dies sowie die Ausdehnung des Wassers durch die höhere Temperatur der Ozeane führte zu einem Anstieg des Meeresspiegels von durchschnittlich 3 mm pro Jahr seit 1993. (5)

Die Prognosen des IPCC bis zum Jahr 2100 wurden

unter Zugrundelegung von sechs verschiedenen Szenarien errechnet. Die günstigste Prognose geht davon aus, dass jegliches Handeln auf der ganzen Welt sofort auf Nachhaltigkeit umgestellt wird, für den ungünstigsten Fall wird ein weiter ungebremstes Wirtschaftswachstum unter Verwendung von vorwiegend fossilen Energieträgern vorausgesetzt. Das wahrscheinlichste Szenario errechnet eine Erwärmung der Erdatmosphäre bis zum Jahr 2100 um 1,8 bis 4 Grad Celsius über den heutigen Stand. Der Klimawandel wird zu einem um 18 bis 59 cm höheren Meeresspiegel führen. (5), (6)

Teil 2: Die Folgen

Mit den Folgen der im ersten Teil genannten Klimaänderungen befasst sich der zweite Band des Sachstandsberichtes, der Anfang April der Öffentlichkeit präsentiert wurde. Fazit daraus: der Klimawandel ist bereits Realität und zeigt an vielen Stellen sein Gesicht. Ob Hitzewellen oder Flutkatastrophen, ob Wirbelstürme oder Dürreperioden die Klimaphänomene der vergangenen Jahre sind hausgemacht und werden schlimmer werden. Die IPCC-Autoren gehen davon aus, dass alle Kontinente vom Klimawandel betroffen sein werden. Am schlimmsten werden die Auswirkungen in Afrika sein, wo sich Ernteerträge durch ausbleibende Regenfälle und sinkende Grundwasserspiegel halbieren werden. Bis zu 250 Millionen Menschen werden unter Trinkwassermangel leiden. Die Trinkwasserversorgung wird auch in Nordamerika zunehmend schwieriger. In Asien aber auch in Mitteleuropa werden dagegen hunderte Millionen Menschen von Fluten bedroht sein. Der gesamte Mittelmeerraum wird von Hitze und Dürre heimgesucht. Die für die Karibik und Nordamerika typischen Wirbelstürme aus dem Atlantik werden an Stärke zunehmen. An den Küsten und auf vielen Inseln werden viele Menschen durch den steigenden Meeresspiegel ihre Häuser und Lebensräume verlieren. (4), (7), (8), (9)

Durch die Klimaveränderungen sind 20 bis 30 Prozent aller Tier- und Pflanzenarten vom Aussterben bedroht. Besonders gefährdet sind Mangrovenwälder, Korallenriffe und Eiswelten aber auch Gebirgslandschaften wie die Alpen und Permafrostgebiete wie die Tundra. (7)

Mit wirtschaftlichen Einbußen durch Ernteausfälle, eine schwieriger werdende Energieproduktion, durch Verlagerungen im Tourismus ist zu rechnen. Wie hoch die Schäden tatsächlich sein werden, ist ein sehr strittiger Punkt des Berichtes. Man spricht von ein bis vier Prozent des Bruttoinlandsproduktes (BIP) jährlich oder von Kosten bis zu 400 Dollar pro Tonne CO2. (4), (7), (9)

Teil 3: Was kann/muss man tun

Die schlechte Nachricht des im Mai vorgestellten dritten Teils lautet: Es ist kaum noch Zeit. Bis 2015 darf der weltweite CO2-Ausstoß noch wachsen, dann muss die Wende geschafft sein und die Emissionen sinken. Nur dann wird es möglich sein, den weltweiten Temperaturanstieg auf zwei Grad Celsius zu begrenzen. Zwei Grad werden als Maximum angenommen, bis zu welchem der Klimawandel beherrschbar ist. Ab 2015 muss die Kohlendioxidbelastung der Atmosphäre sinken, bis 2050 muss eine Halbierung der globalen Emissionen erreicht werden. (11)

Der IPCC-Bericht zeigt verschiedene Wege auf, wie diese Verringerung erreicht werden kann. Das billigste Mittel zur CO2-Reduzierung ist das Sparen von Energie. Effizientere Stromerzeugung, Autos die weniger Kraftstoff verbrauchen, eine bessere Dämmung von Häusern und Wohnungen, Geräte ohne Standby-Funktion sind alles wirksame Wege zum effizienteren Umgang mit Energie. Rund 6 000

Millionen Tonnen von insgesamt 49 000 Millionen Tonnen CO2 könnten so problemlos eingespart werden. (12)

Die Umstellung der Energieerzeugung auf erneuerbare Energien wird als zweites wichtiges Standbein genannt. Die Technik für diese Umstellung ist bereits vorhanden, muss aber jetzt in großem Umfang eingesetzt und weiterentwickelt werden. Die Abscheidung und Einlagerung von Kohlenstoff bei der Energieerzeugung aus Kohle wird ebenfalls als wichtig erachtet. Hierfür gibt es allerdings noch kein erprobtes und ausgereiftes Verfahren. Die Kernenergie spielt für den IPCC eine untergeordnete Rolle deren Anteil an der globalen Stromproduktion wird sich geringfügig auf maximal 18 Prozent erhöhen. Der Schutz der Waldgebiete muss wesentlich verstärkt werden. Vor allem der Abholzung der Regenwälder in Brasilien und Indonesien muss umgehend Einhalt geboten werden. (10), (11), (12)

Die gute Nachricht daraus: das alles ist bezahlbar. Jährlich höchstens 0,12 Prozent der Weltwirtschaftsleistung würden ausreichen, um die oben genannten Änderungen zu finanzieren. Das ist erheblich weniger, als die durch den unbegrenzten Temperaturanstieg verursachten Schäden kosten würden. Der IPCC drängt die Politiker der Welt deshalb sehr dazu, die notwendigen politischen Weichen für weniger CO2-Ausstoß jetzt zu stellen. (10), (11), (12)

Fallbeispiele

Der Skitourismus in Deutschland ist von der Erwärmung der Erde besonders betroffen. Schon bei einer globalen Erwärmung um ein Grad werden 60 Prozent der deutschen Skigebiete ohne ausreichend Schneefälle für den Wintersport bleiben. (4)

Die nördliche Hemisphäre ist besonders stark von der Erwärmung betroffen. Spätestens 2050 wird der Nordpol im Sommer eisfrei sein. Das Grönlandeis schmilzt wesentlich schneller als bisher angenommen. Eine weitere Erhöhung des Meeresspiegels ist dadurch zu erwarten. (1)

Die Schäden aus extremen Wetterereignissen lagen in der letzten Dekade bei ca. vierzig Milliarden Dollar pro Jahr. In fünfzig Jahren könnten die Kosten für Unwetterschäden auf mehr als eine Billion Euro anwachsen. Das entspricht drei Prozent des aktuellen Weltbruttosozialproduktes. (14)

Weiterführende Literatur

(1) Der Klimawandel
aus Süddeutsche Zeitung, 28.04.2007, Ausgabe Deutschland, Bayern, München, S. V3/5

(2) Die Arbeit des IPCC
aus Süddeutsche Zeitung, 01.02.2007, Ausgabe Deutschland, Bayern, München, S. 20

(3) Der Klimarat und seine Berichte
aus Frankfurter Allgemeine Zeitung, 05.04.2007, Nr. 81, S. 8

(4) Der Klimawandel kostet Riesensummen
aus VDI NR. 15 VOM 13.04.2007 SEITE 6

(5) IPCC-Report: Menschliche Ursache „sehr wahrscheinlich"
aus www.powernews.org Meldung vom 02.02.2007 - 17:50

(6) Die Katastrophe hat schon begonnen
aus Süddeutsche Zeitung, 03.02.2007, Ausgabe Deutschland, S. 2

(7) Der Wandel ist schon da
aus Süddeutsche Zeitung, 03.03.2007, Ausgabe Deutschland, S. 24

(8) Weltklimabericht Zu wenig Wasser in Leipzig, zu viel in Hamburg Experten legen zweiten Teil des

Klimaberichts vor - Rapport zeichnet düsteres Bild mit Dürren und Überschwemmungen
aus DIE WELT, 07.04.2007, Nr. 82, S. 7

(9) Kritik an "verwässertem" Klimareport
aus "Der Standard" vom 07.04.2007 Seite: 6

(10) Erderwärmung: Klima 2.0 kostet nicht die Welt
aus www.LifeGen.de, 06.05.2007

(11) Bericht des Weltklimarats: Bis 2015 darf Treibhausgas-Ausstoß noch wachsen - dann muss er bis 2050 um mindestens 50 Prozent sinken, soll die globale Erderwärmung beherrschbar bleiben Regenerative Energie muss bald die fossilen Brennstoffe Öl, Gas und Kohle ersetzen Die schlechte Nachricht: Wir müssen schneller handeln als gedacht. Die gute: Wir können es auch.
aus Hamburger Abendblatt, 05.05.2007, Nr. 104, S. 5

(12) Es muss nicht die Welt kosten // Der letzte Teil des UN-Klimareports ist da. Was kann die Erderwärmung aufhalten?
aus Der Tagesspiegel Nr. 19537 VOM 05.05.2007 SEITE 002

(13) Erdrutsch
aus Frankfurter Allgemeine Zeitung, 26.05.2007, Nr. 121, S. N1

(14) Weltrettung hat ihren Preis
aus Frankfurter Allgemeine Zeitung, 04.05.2007, Nr.

103, S. 38

Impressum

Intergovernmental Panel on Climate Change (IPCC) - Der Weltklimarat mahnt umgehende Aktionen an

Bibliografische Information der deutschen Nationalbibliothek

Die Deutsche Nationalbibliothek verzeichnet diese Publikation in der deutschen Nationalbibliografie; detaillierte bibliografische Daten sind im Internet über http://dnb.d-nb.de abrufbar.

ISBN: 978-3-7379-1476-5

© 2015 GBI-Genios Deutsche Wirtschaftsdatenbank GmbH, Freischützstraße 96, 81927 München, www.genios.de

Alle Rechte vorbehalten. Dieses Werk ist einschließlich aller seiner Teile – z.B. Texte, Tabellen und Grafiken - urheberrechtlich geschützt. Jede Verwertung außerhalb der Grenzen des Urheberrechtsgesetzes bedarf der vorherigen Zustimmung des Verlags. Dies gilt insbesondere auch für auszugsweise Nachdrucke, fotomechanische Vervielfältigungen (Fotokopie/Mikroskopie), Übersetzungen, Auswertungen durch Datenbanken oder ähnliche Einrichtungen und die Einspeicherung und Verarbeitung in elektronischen Systemen.